AF429536